Na Blascaodaí

The Blaskets

Na Blascaodaí, ó Dhún
The Blaskets, from Dún

The Blaskets

The Blaskets

The Place
The poet Seán Ó Riordáin urged us to take the coast road to Dún Chaoin to discover our true nature. When we reach Carraig an Chinn, Slea Head Point, we get our first glimpse of the impressive land and seascape to the west and north. All of the Blaskets save Tiaracht are visible from this point. Inis Mhic Uíbhleáin is to our left and away to our right lies Inis Tuaisceart. Few sights are more photographed than this, such is its charm.

The Blaskets are and have always been an intrinsic part of the parish of Dún Chaoin. Even the most casual of observers will notice that the Islands and mainland were once one, perhaps a few million years ago; the experts confirm this impression.

The Place Name
Locally the Great Blasket was called simply the Island, or more formally, the Western (or Great) Island. The Blasket Islanders themselves referred to the other

An Áit Féin

Mhol Seán Ó Riordáin, file, dúinn gabháil faobhar na faille siar go Dún Chaoin chun teacht ar ár ndúchas. Túirlingimís in aice le Carraig an Chinn i gCeann Sléibhe agus féachaimís uainn siar agus ó thuaidh. Tá an Tiaracht, faoi raon ár súl .... Inis Mhic Uíbhleáin ar ár gclé agus Inis Tuaisceart ar ár ndeis. Níor caitheadh a oiread scannán riamh le haon radharc ná mar atá caite leis seo; cuireann sé draíocht ar dhaoine.

Baineann na Blascaodaí le paróiste Dhún Chaoin, agus bhain riamh. Nuair a d'fhéachfá uait ó Cheann Sléibhe ar an áit go léir is dall an té ná tuigfeadh go rabhadar in aon stráice amháin i bhfad siar; cúpla milliún bliain ó shin, is dócha; agus is é sin a deir na saineolaithe linn chomh maith.

Ainm na hÁite

An tOileán nó, níos foirmeálta, an tOileán Tiar (nó Mór) a thugtaí go háitiúil ar an mBlascaod Mór. Thugadh muintir an Oileáin féin na Blascaoid Bheaga ar an gcuid eile de na hOileáin. Agus bhí Oileáin an Fheirtéaraigh mar ainm riamh orthu go léir. Ba leis na Feirtéaraigh iad gan dabht ó dheireadh na tríú haoise déag agus iad ar cíos acu ó Iarlaí Dheasún agus ó Sir Richard Boyle tar éis díothú na nGearaltach i

Islands as the Lesser Blaskets. In the past the whole group of Islands was referred to as Ferriter's Islands. From the end of the thirteenth-century the Ferriter family leased the Islands from the Earls of Desmond, and from Sir Richard Boyle after the dispossession of the Desmond Geraldines at the end of the sixteenth-century. They retained a castle there, at Rinn an Chaisleáin (Castle Point) in the lower village. There are no physical remains of that castle because the stones were carried off to build the Protestant soup-school in 1840. That same school was closed down in 1851 after the ravages of the Great Famine.

The last of the Ferriters to control the Blaskets was the poet and rebel chieftain, Captain Piaras Feirtéar. He was hanged at Cnocán na gCaorach in Killarney in 1653 after he and his followers were defeated at Ross Castle nearby.

The word 'Blasket' itself is a mystery. No one knows when or who first gave it that name. In the fourteenth and fifteenth-centuries the names 'brasch', 'brascher' and 'blaset' are recorded on contemporary Italian maps; in 1589 a variant form of these names, 'Blasket Isles', appears for the first time. Blascaod/Blasket has all the characteristics and resonances of a foreign borrowing. Robin Flower has suggested that it originates from the Norse word 'brasker' ('a dangerous place').

ndeireadh na séú haoise déag. Bhí caisleán acu ann, ar Rinn an Chaisleáin i mbun an bhaile, ach cloch ná rian ní fhanann de sin, mar gur tógadh chun siúil iad chun scoil an tsúip (leis na Protastúnaigh) a thógaint in 1840. Dúnadh an scoil chéanna in 1851 tar éis an Droch-Shaoil.

Ba é an Captaen Piaras Feirtéar, file agus taoiseach, an duine deireanach de na Feirtéaraigh go raibh na Blascaodaí féna smacht; crochadh Piaras ar Chnocán na gCaorach i gCill Áirne in 1653 nuair a briseadh air féin agus ar a bhuíon ag Caisleán an Rois in aice láimhe.

Mistéir gan dabht, is ea an focal 'Blascaod' féin. Ní fios cé a bhaist é seo air, ná cathain. Sa ceathrú haois déag agus sa cúigiú haois déag bhí 'brasch', 'brascher' agus 'blaset' orthu ar mhapaí Iodálacha, agus claonfhoirmeacha eile díobh seo suas go dtí 'Blaskey Isles' in 1589. Níl aon chuma ar an bhfocal Blascaod ach gur ó theanga eile a tháinig sé isteach. Dar le Robin Flower gur ón bhfocal Lochlannaise 'brasker' (áit chontúrthach) a thagann sé.

Bun an bhaile agus na goirt ag síneadh siar uaidh, an Blascaod Mór
The lower village and adjoining field system, the Great Blasket

Míolra agus Fásra

Fraoch, craobh agus aiteann mín atá mar chaipín ar an mBlascaod féin, agus mianach portaigh faoi chuid mhaith de. Aon fhód amháin faoina scraithín (stuaicín mar a thugtar uirthi), b'in í an mhóin, agus í á baint le ramhann.

Talamh gainimhe a bhí timpeall ar an mbaile féin, trí fichid acra curadóireachta nó mar sin; gleann beag ag rith tríd síos go farraige; eidhneán, cuileann, agus cúpla tor sailchearnaí agus iad meathlaithe go maith ag an síon is ag an aimsir. Ní raibh an tuige féin ag fás ann, rud a chaith go raibh orthu dul amach ar an míntír, uaireanta chomh fada soir le hAbhainn an Scáil agus Ínse ag triall orthu chun a gcuid potaí gliomach a dhéanamh sa tséasúr.

Déarfá gur leis na coiníní an áit, bhíodar, agus táid fós, chomh hiomadúil sin ann. Is míorúilt de shaghas éigin ná raibh aon cheann de na hainmhithe seo a leanas ann: aon eas, frog, giorria, ní raibh madarua ná francach ann, gráinneog ná broc ná earc luachra. Luch féir nó luch chodlamáin airde is mó a bhí ann.

Fauna and Flora

The Great Blasket is coated on top with a covering of furze, whins and heather, with peat or bog beneath much of it. Turf, at a depth of one sod below the stripped surface, was usually cut with a spade.

The soil around the village is sandy, about sixty acres of it arable land; a little valley or cleft runs through the village to the sea, and ivy, holly and goat willow grow there, twisted and weathered by storms. Osiers fit for basketmaking do not grow there, and as a consequence the Islanders had to travel to the mainland, sometimes as far east as Abhainn an Scáil and Ínse, to get a supply in season for making their lobster pots.

The Blasket is, and always was, teeming with rabbits. Yet it is a miracle of sorts that none of the following species is recorded on the Island: the weasel, frog, or hare; neither was the fox or the rat, the hedgehog, badger or newt. The long-tailed field mouse and the pygmy shrew were the commonest of all species on the Island.

Éanlaith

Bhí éin farraige ann ná taobhódh go deo leis an gcósta amuigh, agus táid ann i gcónaí, ach gan iad a bheith leath chomh flúirseach agus a bhí nuair a bhí an bheatha cheart timpeall orthu. An guardal, mar shampla – thiar i bhfiantas na nInisí ina mílte, forachain, éin dhearga, crosáin, an chánóg dhubh agus an colúr toinne. Is mó béile milis a sholáthraigh a ngearrcaigh seo do na hOileánaigh nuair ná raibh ar an míntír acu ach an t-ocras. Iad sin agus corraí na ngainéad ar an Sceilg, b'fhada ó ocras iad.

Na Daoine

Cé ná fuil aon deimhniú ceart anois air, is áirithe go raibh daoine riamh ag cur fúthu ar na Blascaodaí, ar chuid acu cinnte. Bhí uisce i dtrí cinn de na hOileáin, an tOileán Mór, Inis Mhic Uíbhleáin agus Inis Tuaisceart, agus tá a fhios againn gur mhair cúpla teaghlach sa dá cheann deiridh seo chomh déanach le deireadh na haoise seo caite. Aon lá go raibh na hOileáin seo faoi smacht ag na Feirtéaraigh siar go dtí an tríú haois déag, agus a gcaisleáin acu féin ann, ní fhéadfadh gan daoine a bheith ann, agus cíos á íoc acu leo, gan dabht.

Birds

Seabirds which never frequented the coast of the mainland were abundant there, and they are still to be found, though not in such numbers since their food supply decreased. These include the storm petrel – breeding in thousands in the island wilderness – guillemots, puffins, razorbills, the Manx shearwater and the black guillemot. Their fledglings provided many a juicy mouthful for the Islanders when hunger stalked the countryside. Together with the nestlings of the gannet from the Sceilg, these kept the hunger from the door.

The People

Although we have no confirmation, it is believed that people have always inhabited some of the Blaskets. There is a springwater source on three Islands – the Great Blasket, Inis Mhic Uíbhleáin and Inis Tuaisceart - and as recently as the late nineteenth-century the latter two, smaller Islands were inhabited by up to two families.

According to Charles Smith, author of The Antient and Present State of the County of Kerry (1756), the Great Blasket was uninhabited prior to about 1710, except for

Mar sin féin, níl aon chuntas cáipéise againn a déarfadh go raibh daoine ann roimh 1710, is é sin, taobh amuigh de na manaigh a bhí i bhfad siar ann (The Antient and Present State of the County of Kerry by Smith). Ach le fíordhéanaí, thángthas trasna ar cháipéis eile a thugann a mhalairt le fios ..... go raibh daoine ann i1597. (Captaen árthaigh a d'fhág an cháipéis ina dhiaidh agus fuarthas í i gcartlann na Spáinne in Samancas. 'Yslas de Blasques' a thugann sé orthu, agus deir sé, an té a chreidfeadh é, go raibh Spáinnis acu go léir ann!)

De réir an tseanchais, sealgaireacht, aoireacht stoic agus curadóireacht a bhíodh á dhéanamh ag na chéad daoine a chuaigh isteach ann. Téann an chuimhne sin siar i bhfad, mar nuair a tháinig an bád staighne ar an gcósta chucu i dtosach na naoú haoise déag nó tamall roimhe sin, d'athraigh an saol ar fad acu. Ag iascach le doruithe ó na clocha a bhídís roimhe sin ach anois d'iompaíodar isteach ar iascach i gceart agus chuireadar an churadóireacht i leataoibh ar fad beagnach, go dtí cúpla céad prátaí, dorn coirce agus glasraí eile.

monks in ancient times. A recently-discovered document, however, records people living there in 1597. (A ship's captain left the document which was found in an archive in Samancas, Spain. He calls the Islands 'Yslas de Blasques' and would have us believe that the inhabitants were all fluent Spanish speakers!). The very fact that the Ferriters controlled these Islands as far back as the thirteenth-century, and maintained their own castle there, is a clear indication that they were inhabited at an early stage.

According to popular tradition, the first people to live in the Blaskets herded animals, grew crops and hunted. That folk memory must extend a long way back, because the seine-boat changed their way of life completely when it made its appearance for the first time on the Blasket at the beginning of the nineteenth-century or shortly before. Until then they fished only from the rocks with hand-lines. The seine-boat gave them the means to take to fishing as a way of life and they gave up tillage almost completely apart from potatoes, a little oats and some vegetables.

Líon na nDaoine

Tháinig tuile agus trá ar an líon daoine a bhí ag cur fúthu ann ó am go ham. Bhí céad go leith duine ann i 1840; tar éis an Ghorta Mór bhí sé i dtaobh le céad duine. In 1916 a deirtear is mó a bhí daoine ann – 176. Ach is ag titim a bhí sé as sin amach nó gur tréigeadh ar fad é in 1953/4.

Tháinig borradh mór ar dhaonra an Olleáin sa chéad leath den aois seo caite nuair a bhí tionóntaithe á gcur as seilbh ag Tiarna Fionntrá. Is áirithe gur ag an am sin a tháinig muintir Chriomthain agus muintir Dhuinnshléibhe chun lonnaithe ann ó Mhártain agus ó Bhaile na Rátha amuigh. Chuaigh, agus daoine eile isteach ann chomh maith toisc cúrsaí an tsaoil a bheith níos fearr ann ná mar a bhí acu féin. Ach go raibh bráca agus callshaoth rompu istigh ann; trí mhíle d'fharraige agus siúl cos cúig mhíle chun dul ag triall ar shagart – siúl dhá mhíle dhéag ag triall ar dhochtúir.

Mar a Mhaireadar

Ar an iascach is mó a thángadar suas, dorn prátaí, garraí coirce nó seagail. Bó nó dhó ag daoine áirithe, daoine eile gan aon cheann, ach ag brath ar an mbraon bainne ón té go raibh a leithéid aige. Talamh bocht gainimhe timpeall na dtithe agus

Population
The number of people living on the Island has ebbed and flowed. There was a population of about one hundred and fifty living there in 1840, but after the Great Famine that had decreased to one hundred. The population is said to have reached its peak in 1916, at one hunded and seventy-six. From then on it was in decline until 1953/54 when the Blasket was abandoned.

The population of the Island grew with the influx of tenants evicted from their holdings by Lord Ventry during the first half of the nineteenth-century. It is certain that the Criomhthain and Duinnshléibhe families from Márthainn and Baile na Rátha on the mainland settled on the Blasket during that period. Many others followed the same path, because the way of life there was better than what they had to endure on the mainland. Nevertheless Island life was a constant hardship and struggle – a three-mile crossing to the mainland, followed by a five-mile walk by road for a priest, or a twelve-mile walk to reach a doctor.

a ghoirtín féin thall is abhus ag na daoine. Fiú amháin an té a raibh bó nó dhó aige, ba ghairid le dul a mbeadh d'aoileach de bharr na bliana aige ar a phaiste beag talún, sa tslí is go gcaithfeadh an talamh a bheith i dtaobh le leasú trá, iascáin agus feamnach, agus uaireanta súiche an tsimné, mar leasú. Bhí an fheamnach ar a gcladaithe féin acu, ach ba mhinic a bhí orthu dul sall go Beiginis ag baint na n-iascán.

Coimín eatarthu go léir ab ea an cnoc ar fad, cead móna a bhaint acu ann agus coiníní a mharú. Ach is é Dlí na Binne a bhí i bhfeidhm eatarthu chomh fada le caoirigh ... cúig cinn fhichead de chaoirigh in aghaidh gach féar bó, agus an té ná raibh a leithéid sin aige ní raibh aon chead aige caora a bheith ar an gcnoc aige.

Ní cuimhin le haon duine atá suas inniu muca a bheith acu san Oileán cé go mbídís ann sa chéad seo caite. Ní cuimhin le haon duine ach an oiread capaill a bheith ann; ach, de réir dealraimh, bhíodar acu i bhfad siar ann, agus iad ag treabhadh le céachtaí adhmaid.

Asail a bhíodh acu, asail fhireanna; ní bheadh aon ghnó acu do asail bhaineann, mar bhí an talamh chomh géar chomh hard sin nuair a thiocfadh an séasúr go gcuirfidís

The Way of Life

The Islanders survived mainly on fishing, a few ridges of potatoes, and a patch of oats or rye. Some of them had a cow or two; others who had none would depend on a drop of milk from the neighbour who had. The land was poor and sandy around the houses and their own plots were scattered here and there. A year's supply of manure would not go far on the smallest of holdings, and the dung had to be supplemented by material from the beach - mussel shells and seaweed; sometimes even the soot from the chimney was spread as fertilizer. Seaweed was plentiful on their own shores but they had to cross over to nearby Beiginis to gather mussels.

The mountain was held in common by all the Islanders, with turbary rights and a right to hunt rabbits. There was an unwritten rule in force regarding the grazing of sheep - twenty five sheep for each grazing cow, and the man who did not have a cow was not allowed to graze sheep on the mountain. Nobody now remembers pigs being reared on the Island although there were pigs kept during the nineteenth-century. Nobody remembers any horses there either; but it appears they once did have horses drawing wooden ploughs.

Donkeys - males only - took the place of the horse: they had no use for females because the land was so steep and precipitous that they would have driven each other over the cliff when in season. The donkey carried turf in panniers from the mountain, and sand and seaweed from the strand. The donkey was never harnessed for ploughing on the Island.

Tillage
The years 1878-79 witnessed successive failures of the potato crop; blight destroyed the Islanders' crop as effectively as it did on the mainland, and in 1879 the Government of the day, having learned the lessons of the Great Famine, helped relieve the situation by providing yellow meal to those in need. That year became known on the Island as the Year of the Free Cornmeal.

Shortly afterwards they got another gift from God in the guise of the Champion seed potato. At the time, the Earl of Cork was the landlord of the Islands (and much of the mainland as well) until the Congested Districts Board purchased them in 1907. The Earl supplied Champion and Black seed potatoes free to all his tenants in 1880.

a chéile ha haill nuair a bhuailfeadh an fonn iad. Chun móna a thabhairt ón gcnoc in úmacha a bhíodh an t-asal acu, nó chun gainimh a thabhairt ó thráigh. Thabharfaidís feamnach agus iascáin ón dtráigh dóibh chomh maith. Níor bhriseadar isteach an t-asal riamh faoi chéachta.

Curadóireacht

Nuair a chuireadar uathu an seanbhád adhmaid agus a luíodar isteach leis an naomhóg, i dteorainn na bliana 1880, bhí deireadh ré amháin tagtha anois.

Is sa bhliain roimhe sin a theip an práta orthu den dara babhta; tháinig an dubh amuigh agus istigh orthu, agus tar éis ar fhoghlaim údaráis Shasana ón nGorta Mór roimhe sin chuireadar mín bhuí ar fáil dóibh trí chéile. Bliain na Mine Déirce a tugadh ar an mbliain sin feasta.

Is ina dhiaidh seo a tháinig tabharthas eile ó Dhia ina dtreo i bhfoirm an tseaimpín. Is faoi Iarla Chorcaí a bhí na hOileáin, chomh maith le cuid mhór den mhíntír amuigh, go dtí gur cheannaigh Bord na gCeantar gCúng uaidh iad in 1907. Ach dhein sé déirc orthu faoin am seo nuair a chuir sé síol seaimpíní agus bleaiceanna (prátaí luatha de phór an tseaimpín) chucu.

Ag baint prátaí
The potato harvest

Naomhóg á chur san uisce
Launching a naomhóg

Potatoes were planted in ridges. Each sod was turned and each furrow dug with the spade. It was backbreaking work, though the ground itself crumbled easily beneath the spade. From St. Brigid's Day – the 1st of February – onwards, the cutting edge of the spade would be sharpened in preparation.

From 1905, when visitors began regularly to stay on the Island, some extra vegetables – carrots, onions, lettuce, turnips and the like - were grown by the households in which they lodged.

Fishing

The early inhabitants of the Island were not fishermen. Fish was in great abundance at that time, however, and they satisfied their needs with fish caught on hand lines from the rocks. With the introduction of the seine-boat they were able to undertake fishing as a livelihood.

Horse-mackerel was their main catch until the 1870s when it was displaced by pilchard. Then came their great sea-harvest, the big Spring mackerel.

Around that time the changeover occurred from the seine-boat to the 'naomhóg',

In iomairí a chuiridís prátaí agus is leis an ramhann a d'iompaidís gach fód agus a rómhraidís gach clais fúthu sin – obair sclábhúil ach go raibh an talamh briosc. Ó Lá Fhéile Bríde amach bheadh faobhar á chur ar an ramhann acu.

Ach le teacht na gcuairteoirí ó 1905 amach, bhí barraí beaga breise á gcur ag tithe a bhíodh á gcoimeád sin, meacain, oinniúin. leitís, tornapaí, agus mar sin de.

Iascach

Níorbh aon iascairí na chéad daoine a chuaigh ón Oileáin. Ag iascach le doruithe ó na clocha a bhídís, rud a d'fhág ná raibh aon cheal éisc orthu mar bhí an t-iasc ag dul in airde ar na clocha an uair sin. Ach le teacht na mbád saighne, dhíríodar isteach ar an iascach i gceart.

Gabhair is mó a bhídís ag iascach go dtí na seachtóidí nuair a tháinig an séirdín ar an gcósta. Is ansin a tháinig na maircréil mhóra Bhealtaine ina dtreo.

Is i dtreo an ama chéanna a d'athraíodar ón mbád saighne go dtí an naomhóg. Deir Tomás Ó Criomhthain in 'An tOileánach' gur beirt ón Oileán a bhí ar na stártha sa Daingean a thug an chéad naomhóg leo go dtí an Oileán!

or canoe. In An tOileánach Tomás Ó Criomhthain states that the first naomhóg was brought to the Island by two Islanders who purchased it while under the influence of drink in Dingle!

The naomhóg was an easier craft to handle and to manoeuvre than the seine-boat. A three man crew could manage it at their ease whereas the seine-boat took a crew of eight and also required a back-up boat, called a 'foiléar', perhaps from the English 'follower'. It was a cumbersome, awkward craft to beach. The naomhóg was much handier and more manageable in many ways. It could take a sail when the wind was right; it was easier to turn and manoeuvre and, when needed, it could be taken closer to the rocks. It also widened the range of work and variety of catches. Henceforth, they could trawl their lines, set trammel-nets and troll for pollock. The naomhóg's only major drawback was that it was difficult to transport an animal in it.

They caught all their large coarse fish with trawl-lines - ling, halibut, cod, large halibut, eel, dog-fish, etc. Wrasse and red sea bream, and the like were fished with trammel-nets.

Bhí saoráid ag baint leis an naomhóg ná raibh leis an mbád saighne. D'fhéadfadh triúr í a oibriú ar a suaimhneas nuair a chaithfeadh ochtar a bheith acu sa bhád saighne agus foiléar a bheith ag freastal uirthi chomh maith.

Bhí an naomhóg níos áisiúla agus níos soláimhsithe ar an-chuid slite. Thógfadh sí seol le cóir; bhí sí níos fusa a chasadh agus a ionramháil agus raghadh sí níos giorra do na clocha nuair ba ghá é. D'oscail an naomhóg an saol ar fad dóibh maidir le héagsúlacht seilge. As seo amach, bhíodar in ann tabhairt faoi spiléireacht léi, traimilí a chur agus dul ag seóráil phollóg léi. Ach bhí ciotaí amháin ag roinnt léi, gur dheacair ainmhí a bhórdáil uirthi.

Iasc garbh ar fad a mharaidís leis na spiléir, langaí albaird, troisc, bóleathóga, eascúin, fíogaigh, is mar sin de. Bhídís ag iascach bhallach is dheargáin le traimilí.

Athrú Saoil

Athrú mór sa tsaol dóibh chomh maith go bhfuaireadar amach go raibh an fharraige timpeall orthu ina beathaidh le hiasc eile nár mharaíodar riamh cheana, is é sin, gliomaigh agus cráifisí. Naomhóg ón nDaingean a chonaiceadar á n-iascach ar

A Change in the Way of Life

Another major change in their way of life at this time was the discovery that other species of fish never before fished by the Islanders – lobsters and crayfish - were also of value. They were absolutely bemused when they saw a naomhóg from Dingle fishing lobster and crayfish with pots near the Island. They quickly learned how it was done, and were shown how to make the pots by two Englishmen – Parsons and Nicholson, who were fishing lobster and crayfish with fishermen from the Iveragh Peninsula. Before long the Islanders were as skilled as any at lobster fishing.

For many years Dingle was the only market for their lobster. That was until the Frenchman – Pierre Trehiou – came to the area with his large storage ship in the 1920s. He bought the lobster directly from the Islanders. The French vessel had a huge storage tank midship with an iron-mesh net at the bottom, leaving it open to the sea; hundreds of lobsters swam in the tank snapping at one another and feeding from the strips of hanging bacon.

thaobh an Oileáin le potaí agus chuir sé aiteas ceart orthu. Níorbh fhada dóibh gur chuireadar an tuairisc a thuilleadh; fuaireadar amach conas potaí a dhéanamh ó bheirt Shasanach, Parsons agus Nicholson, a bhí á marú timpeall orthu le buíon iascairí ó Uíbh Ráthach ag an am. Bhíodar féin chomh hoilte le cách ar iad a mharú i ngiorracht aimsire.

Bhí ceannach sa Daingean ar na gliomaigh, gan dabht, ach bhí an margadh fúthu féin go ceann i bhfad nó gur thosnaigh an Francach, Pierre Trehiou, lena bhád mór umair ag teacht chucu sna fichidí agus á gceannach uathu. Bhí umar mór thíos ina bolg seo, líontán iarainn mar thóin air agus an fharraige ghorm chugat aníos ann; na céadta gliomach ar snámh fút thíos ag iomrascáil le chéile agus slaimicí bagúin ar crochadh ina measc mar bheatha.

Bhí socrú breá siabhialta idir an Francach agus iad féin, agus sa deireadh thiar na hOileánaigh ábalta ar chomhaireamh as Fraincís, i dteannta abairtí beaga eile a bheith de ghlanmheabhair acu chomh maith. Bhí socrú babhtála eatarthu agus earraí á bhfáil ar cairde acu uaidh, líonta, tobac, fíon, rum nó aon ní eile mar sin a bheadh uathu; fiacha na n-earraí sin a bhaint as na chéad ghliomaigh eile a cheannódh sé uathu.

The Frenchman and the Islanders got on very well together, and as their relationship grew the Islanders learned to count in French, as well as learning a few French phrases. They had an agreement to exchange goods and got nets, tobacco, wine, rum or anything else they needed on credit; those items to be debited to their account against the next haul of lobsters.

But the big change came with the early 1930s. The Island community began to decline and the young people were loath to marry. Only two couples married there between then and the time of its abandonment, with most making off for America where so many of their kin had preceded them. In some cases entire households left in the 1940s and settled on the mainland. Their courage had deserted them a long time before the year of the great exodus in 1953; they felt the boat sinking under them.

Houses

The maximum number of houses on the Island, at its peak, was thirty. In 1909 the Congested Districts Board built five two-storey houses at the top of the village, looking down on the rest of the houses, but totally out of character with them.

Ach ó thosach na dtríochaidí amach tháinig an t-athrú saoil mór. Thosaigh an pobal ag dul i léig agus gan aon fhonn ar dhaoine óga pósadh ann. Dhá lánúin a phós ann idir sin agus an lá a tréigeadh é. Gach aon chríostaí feasta ag scaoileadh faoi Mheiriceá mar a raibh cuid mhaith dá ndaoine muinteartha rompu. Bhí an dóchas teipthe orthu i bhfad roimh bhliain na himirce móire i 1953; bhraitheadar an bád ag súncáil faoina gcosa. Fiú amháin, d'fhág roinnt teaghlach sna daicheadaí gur chuireadar fúthu ar an míntír.

Tithe

Ní raibh níos mó ná deich tithe fichead san Oileán an lá ab fhearr a bhí sé. Is sa bhliain1909 a thóg Bord na gCeantar Cúng cúig cinn de thithe dhá urlár i mbarr an bhaile ag féachaint anuas ar an gcuid eile acu agus iad as tiúin ar fad leo. Ó thuaidh nó ó dheas a bhí aghaidh na coda eile, ach amháin ceann nó dhó a tógadh le déanaí roimhe sin, agus a gceann faoin gcnoc acu chun fothana.

Bhí cistin mhaith mhór ins na tithe go léir, scópúil go leor chun seit a dhéanamh iontu nó chun duine a thórramh, seomra síos agus seomra suas i gcuid acu. Bhí gá eile leis an gcistin a bheith mór, chun slí a thabhairt d'ainmhithe a bheith istigh acu

The older houses faced either north or south (except for one of later vintage) with the uppermost gable (the hearth wall) bedded into the hillside for shelter.

All the houses had a large kitchen, with enough room to dance a set or to wake a corpse, an adjoining 'lower room', and in some cases an 'upper room' behind the hearth wall. The kitchen had to be large enough to accommodate animals at night or during bad weather. There was a loft above the lower room - in some houses a makeshift bed was placed there - and a narrow loft above the fire for storing nets, fishing-lines, trawl-lines and other goods.

The houses on the Island usually had one door only, unlike mainland houses which had two doors at the front and back, one kept open and the other closed. Tomás Ó Criomhthain's house was the exception in this case; he built the house himself, in imitation of the mainland style presumably. Some writers have stated that the Island houses were once thatched with straw. This cannot be so, for they rarely had sufficient straw; and long, strong straw is necessary for thatching a roof. In the nineteenth-century the houses were usually roofed with rushes. The naomhóg, which has a tarred felt covering, gave them another idea. Felt was an ideal roofing material and in most cases it replaced the rush thatch, in both houses and

san oíche agus le linn drochaimsire. Lochta os cionn an tseomra thíos agus réleaba anseo ag cúpla tigh, cúl-lochta os cionn na tine ina gcoinníti líonta, doruithe, spiléir agus mar sin de.

Aon doras amháin, de ghnáth, a bhí ar thithe an Oileáin seachas mar a bhí ar an míntír mar a raibh doras tosaigh agus doras iata orthu. Ach eisceacht ab ea tigh an Chriomhthanaigh anseo; gan dabht, b'é féin a thóg é ag aithris ar thithe na míntíre, ní foláir.

Tá sé ráite i gcúpla áit gur tithe cinn tuí a bhí san Oileán. Ní chreidimíd é sin, mar ní raibh an tuí acu chuige; tuí fada láidir a theastaíonn. Ceann luachra is mó a bhí orthu sa chéad seo caite. Ach le teacht na naomhóige tháinig athrú aigne orthu. Craiceann peilte a bhí ar an naomhóig agus tarra faoi. Feasta mar sin, nach deas mar a dhéanfadh sé seo ceann dá gcuid tithe, agus is mar sin a bhí. Ceann peilte a bhí ar fhormhór a gcuid tithe sa deireadh thiar, agus ar a gcuid bothán lasmuigh.

De chlocha is moirtéal a bhí na fallaí tógtha, agus urlár cré istigh iontu; cúpla leac leibhéalta os comhair na tine – leac an tíntéain. Bhí mianach na taisreachta sa chré seo, agus b'é leigheas a bhí acu air gainimh thirim a thabhairt leo ón dtráigh agus í a

outhouses. (The five two-storey houses built by the Congested Districts Board had slate roofs, and Peig Sayers lived in one of these). The walls were built of stone and mortar, with earth floors inside; a couple of flat flagstones in front of the fire comprised the fireplace. The earth floors were constantly damp and to keep them dry they spread sand from the beach on them a couple of times a day.

The Islanders had their own methods for smoking and homecuring food; they hung cured fish above the mantelpiece to dry, and bacon which was smoked.

Furniture
Simple and basic are the two words which best describe their house furnishings. A wooden bed or two with side-rails; in some houses an iron bed as well, perhaps; a press or trunk, brought from America or thrown up by the sea, stood between the beds and was used for storing bedding or other clothes; and finally, a chamber-pot was strategically positioned between the two beds! Blankets were made from their own sheep's wool, and a handmade patchwork quilt on top of those; sheets were made from flour sacks, and underneath mattresses stuffed with goose down that were so comfortable you would sink into them up to your oxters.

leathadh air cúpla uair sa ló.

Os cionn na tine thuas timpeall an chlabhair a chrochaidís iasc leasaithe agus bagún le buíú; féach go raibh a slí féin acu chun bia deataithe a dhéanamh.

Ceann slinne a bhí ar na cúig tithe nua a thóg Bord na gCeantar gCúng, agus a raibh Peig Sayers ina cónaí i gceann acu.

Troscáin
Simplí agus bunúsach – sin iad an dá fhocal is fearr a oireann do na troscáin a bhí sna tithe acu; leaba chnaiste nó dhó, agus b'fhéidir leaba iarainn chomh maith i dtithe eile; cófra nó trúnc a tháinig ó Mheiriceá nó isteach leis an bhfarraige istigh eatarthu taobh an fhalla chun éadaí leapa a choimeád; áras fuail idir an dá leaba. Plaincéadaí d'olann a gcuid caorach agus cuilt phaistí lámhdhéanta anuas orthu; braillíntí d'éadach an phaca plúir fúthu thíos, agus fúthu sin arís tocht de chlúmh na ngéann a súncálfá go dtí do ghunail iontu, bhíodar chomh compórdach sin.

Drosar ar thaobh amháin agus cupart ar an dtaobh eile mar fhalla idir an seomra thíos agus an chistin, agus oscailt eatarthu mar dhoras. Bord teann láidir, agus sa

Tugtaí formhór an bhainne do na gamhna
Much of the milk produced was reserved for feeding calves

I lár an naoú chéad déag bhí suas le dhá scór ba acu ar an Oileán. Fé cheann na bliana 1900 ní raibh ach dosaen á choimeád acu

In the middle of the nineteenth-century there were some forty cows kept on the Island. By 1900 this number had fallen to twelve

tseanreacht, losad, maraon le cathaoireacha súgáin – na troscáin seo déanta acu féin le hadhmad raice go minic. Cúits adhmaid le taobh an fhalla, agus fúithí istigh bróga an tí, cúpla deimhneas agus bosca bleaicin le cur faoi na bróga; cúib chearc, b'fhéidir, laistíos de seo; soitil i roinnt tithe a dheineadh ionad cúitse i rith an lae ach nuair a oscolófá amach í go ndéanfadh sí leaba i gcomhair na hóiche do bheirt nó triúr.

Bhí tamall agus ní raibh ach aon oigheann amháin san Oileán. Le scoil an tsúip a tháinig sé ann; níorbh fhada ina dhiaidh sin go raibh trí cinn ann, agus sa deireadh thiar bhí ceann acu i ngach tigh. San oigheann a dheineadar an bhácáil agus an róstadh go léir.

I dteannta an oighinn, bhí corcán agus scilléad acu, agus is iontu seo a dheineadar an beiriú – prátaí, iasc agus feoil, agus éadaí a bhogadh i gcomhair níocháin.

Bia agus Beatha

Nuair a theip an práta orthu sa Droch-shaol, bheir greim chruaidh orthu ann chomh maith le haon áit eile amuigh. Ach ba mheasa a chuaigh sé dóibh amuigh, de réir

A dresser on one side and a cupboard on the other made a partition between the lower room and the kitchen, with an opening between both as a door. A strong sturdy table, and in former times a small table or kneading-trough, as well as sugawn (straw rope) chairs – all these they made themselves, often with driftwood. A wooden couch stood against the sidewall, and items such as sheep-shears, shoes and blackening were stored underneath; and a hen-coop, perhaps, below that again. In some houses a settle-bed took the place of the couch which, when opened out, would make a bed at night for two or three persons.

The first pot-oven brought onto the Island was that used by the 'soup-school' at the time of the Great Famine. Island writers record that before long three pot-ovens were in use, and finally every house had one. All of their baking and roasting was done in the pot-oven. Besides the pot-oven, each house had an iron pot and skillet in which food was boiled - potatoes, fish and meat - and clothes soaked before washing.

dealraimh, mar is ag brath ar an dtalamh níos mó ná ar an iascach a bhíodar siúd; leathiascairí ab ea iad, mar a déarfá. Tá a rian air, theich cuid acu isteach ann ag an am sin agus d'fhanadar ann.

Ní raibh aon tsiopa acu ann. Dá bhrí sin, is amach a chaithidís dul ag triall ar an bplúr chomh maith le haon earraí eile mar sin. B'é an t-arán a ghlac áit an phráta anois, arán tí, gan dabht. An té go raibh bó aige bhí a chuid ime féin aige, chomh maith le bláthach lá na cuiginne. Cuigeann bhoise a dheinidís ..... ní dócha go raibh aon mheadar riamh ann mar ná beadh a ndóthain uachtair acu. Bainne bearrtha, gan dabht, a d'ólaidís taobh amuigh den chrúsca leamhnachta a choinnidís chun liathadh an tae. Ba bhreá lena gcroí bainne ramhar géar le n-ól, chomh maith le liathuisce, is é sin, uisce agus bainne milis le chéile lá brothaill amuigh sa ghort nó ag déanamh stáca nó coca.

Caoirigh

Bhí nath cainte acu maidir leis an gcaora – caora le díol, caora le bearradh agus caora le n-ithe. Is ar an gcaora a bhí a seasamh, an té a raibh sí aige. Búisteirí an Daingin is mó a cheannaíodh uathu iad, agus an olann chomh maith. Mharaidís féin caora cúpla uair sa bhliain, agus an chuid di ná beadh ite úr acu chuiridís ar salann í.

Food and Sustenance

When the potato failed during the Famine the Islanders suffered as badly as any community on the mainland. Unlike most mainland communities, however, they depended less on the land for sustenance and managed better. As a consequence, some mainland families fled to the Island at this time and settled there.

There was no shop on the Island. They had therefore to go to the mainland for flour and any other household goods. Bread, homebaked of course, gradually replaced the potato as the mainstay of their diet. The owner of a cow had a source of butter, as well as buttermilk on churning day. Hand-churning was the method used for making butter. They are unlikely ever to have used a churn since they did not produce cream in sufficient quantities to warrant its use. They drank skimmed milk – apart from the jug of fresh milk kept aside for tea purposes. Thick sour milk was a favourite drink, or a mixture of milk and water to slake the thirst on a fine day while working in the field.

Dheineadh na mná putóga na gcaorach a líonadh, agus b'iad a bhí deas air.

Bhí ainm na caorach a thagadh ón Oileán in airde le milseacht, agus ba mhinic a chloisfeá mná sa Daingean ag fiafraí den bhúistéir arbh ón Oileán a tháinig an chaoireoil seo. Pé acu arbh ea nó nárbh ea, déarfadh sé leo gurbh ea, gan dabht!

Béilí

Dhá bhia sa ló a bhíodh acu san Oileán sa chéad seo caite, bia na maidine agus bia an tráthnóna, mar a thugaidís orthu. Prátaí is iasc, maraon le babhla bainne géir ar do sheans a bheadh agat an dá uair sin.

Ach d'athraigh an tae an saol sin. Leis an bhfarraige stóinsithe a tháinig an chéad tae ina dtreo. Agus, mar a deir an Criomhthanach, ní raibh a fhios acu cad ba cheart dóibh a dhéanamh leis (nó 'léi' mar a déarfaidís féin). Ach d'ól duine éigin sa deireadh é, agus b'in sin – bhí ré nua ar an bhfód, agus bhí gach aoinne á ól feasta. Níor fhág an fharraige aon easpa tae orthu ina dhiaidh sin as árthaí báite.

Sheep

There was a saying on the Island about sheep – 'a sheep to sell, a sheep to shear and a sheep to eat.' Sheep were an important indicator of a man's wealth. Twice a year each household killed a sheep and cured a portion of it. The women were experts at stuffing some of the sheeps' intestines.

The Blasket sheep had a great reputation for their flavour and Dingle women would invariably ask their butcher if he had Blasket mutton. No doubt some butchers would falsely claim that the mutton they had for sale originated on the Blaskets!

An Island dresser
Driosúr an Oileáin

Meals

In the nineteenth-century the Islanders ate two meals a day, morning and evening. Both meals consisted of potatoes and fish, with a bowl of sour milk if you were lucky. The advent of tea affected their eating habits. It was first washed ashore in a sturdy tea-chest (not the only chest of tea that fortune sent their way) and, as Tomás Ó Criomhthain writes, they did not know what to do with it. Eventually someone drank it, and that was that. A new era had dawned and soon the whole Island was drinking tea. Now it was tea and bread in the morning and again late in the afternoon; potatoes at midday and again at night. Until 1953 when the Island was abandoned they had four meals a day.

Fish

They preferred to boil all fish, except for mackerel and bream which were usually roasted on the tongs. There was no mention of salmon, or demand for it, at that stage, and they did not value it. It was usually thrown back into the sea or cut up for lobster bait! They had a great liking for roasted seal meat because of its richness - many preferred it to pork.

Tae is arán ar maidin agus arís in ard tráthnóna, feasta; prátaí i lár an lae agus arís istoíche. Ceithre bhia in aghaidh an lae ab ea anois acu é suas nó gur fhágadar an áit in 1953.

Iasc
Beirithe ab fhearr leo gach breac éisc, ach amháin go gcuiridís an maicréal ag róstadh ar an dtlú, é féin agus an deargán.

Ní raibh trácht ná éileamh ar an mbradán san am sin, ná aon mheas acu siúd air ach é a chaitheamh thar n-ais i bhfarraige nó é a úsáid mar bhaoite gliomach! Bhíodar an-cheanúil ar fheoil róin. Ag róstadh a chuiridís an fheoil seo toisc í a bheith chomh mótúil sin, ach d'itheadar go milis í; agus b'fhearr le cuid acu í ná muiceoil.

Shábhálaidís craiceann an róin, mar bhrat urláir. Agus bhainidís íle as a n-aenna, íle a raibh a hainm in airde mar leigheas ar leonadh nó ar ghortú.

Sólaistí
Bhíodar an-cheanúil chomh maith ar an gcnuasach trá, bairnigh is miongáin, duileasc, sleaidí agus uisce beatha, agus saghasanna áirithe feamnaí, madraí rua

They preserved the sealskin and used it as a floor mat. Oil was extracted from the liver of the seal, and this was used widely for healing wounds and other injuries.

Delicacies
Shell-fish, such as limpets and periwinkles, were another great favourite. Dulse, sea-lettuce and pepper-dulse, and certain other varieties of seaweed – especially sea belt and murlins - were eaten. If they were hungry enough they would eat the limpets and periwinkles raw. They were not very fond of lobster as food, but they would eat the lobster roe from their fists while fishing. Crab was the most prized of all, especially the red crab, not boiled but roasted in hot ashes. Some hardy individuals would eat raw crab straight from the sea.

One of the favourite delicacies was a mountain rabbit caught with a snare or hunted with ferrets; other favourites were seabirds - the storm petrel, the puffin, the razorbill or the young of the gannets from the Skeiligs – all roasted in the pot-oven or on the tongs in the heart of the fire. Gull's eggs were eaten in season as well.

Na mná is mó a thabharfadh an mhóin ón gcnoc
It was mainly women who fetched turf from the hill

Drink

As regards drink, they had to rely for most of their lives on clear cool water. They had little experience of alcoholic drink apart from what little the Frenchman would give them in part-exchange for their lobster and crayfish, or the infrequent barrel of wine and spirits washed ashore from the sea. Otherwise they might take a drink while spending an idle day in Dingle having sold fish or the like, or during a wedding in Ballyferriter, or at a wake or funeral on the Island. A small amount of alcohol was enough to make them merry.

Fire and Light

They burned scraws, or top-sods of turf, when the season's supply of black turf was exhausted. Stumps of heather or charred stalks of heather were used to boost the dying embers, especially after a wet year when the turf was soggy. It was the women who mostly brought home the turf with the donkeys and panniers, and it was also they who carried the bundles of giant heather on their backs. Pieces of driftwood were also burned in the fire, wood which was not suitable for carpentry or any other practical purpose.

agus láracha. D'íosfaidís an bairneach agus an miongán fuar aníos as an uisce dá mbeadh an t-ocras orthu. Ní rabhadar róthugtha don ghliomach mar bhia, cé go n'íosfaidís an chéir lasmuigh air amach as a ndorn agus iad ag iascach. Ach ba bhreá lena gcroí an portán, go mórmhór an portán daibhche, ní beirithe ach amach as an ngríosaigh. Bhí daoine áirithe ina measc a d'íosfadh an portán amach as an sáile gan beiriú ná eile.

Sólaistí ab ansa leo ab ea an coinín ón gcnoc agus beirthe acu air le súil ribe, nó le firéad istigh ina pholl; éanlaith farraige, an guardal, an fuipín, an crosán, agus corraí na ngainéad ón Sceilg – iad seo go léir rósta acu san oigheann nó ar an dtlú i gcroí na tine. Iad sin agus ubh na faoilinne sa tséasúr.

Deoch

Maidir le deoch de, is i dtaobh leis an gcaoluisce fuar a thugadar formhór a saoil. Deoch mheisciúil atá i gceist againn anseo, agus ba bheag é a dtaithí air, murach an braon a gheobhaidís ón bhFrancach lá na ngliomach nó an bairille a thiocfadh isteach leis an bhfarraige chucu. Seachas sin, bhídís ag brath ar lá faoin dtor sa Daingean ag díol eisc nó mar sin, lá ar phósadh ar an mBuailtín, nó lá tórraimh is sochraide istigh acu féin. Ba shuarach an braon a bhogfadh iad.

Lamps

Until the end of the nineteenth-century they had a cresset, called a 'slige', for light. It was a metal vessel in the shape of a shell. Formerly, the scallop-shell was used for the same purpose, which would explain the origin of the word 'slige'. It was filled with fish-oil or extract; a peeled rush was immersed in the vessel with the tip, which was lit, jutting out over the edge of the vessel. Though not very effective, this was for many years their sole source of artificial light.

After that came the paraffin lamp, a tin lamp in the shape of a can, and a pipe on the outside with a wick up through the middle soaked in paraffin – that was their light source up to modern times. The paraffin lamp with glass globe was introduced later, and this was used on the Island and the mainland until the advent of electricity. Electricity never reached the Great Blasket.

Tine agus Solas

Tine stuaicín ón gcnoc a bhíodh acu, nuair ná raibh aon mhóin dhubh fágtha acu. Spiorraí craoibhe nó speathánach chun anam a chur inti, go mórmhór tar éis drochbhliain agus an mhóin a bheith ina spairt. Na mná is mó a thugadh an mhóin ón gcnoc lena gcuid asal is úmacha, agus dob iad a thugadh an beairtín craoibhe leo ar a ndrom féin chomh maith. Bheadh scoilb raice chun na tine acu leis, go mórmhór adhmad ná beadh aon chúram eile acu dó nó ná beadh oiriúnach chun siúinéireachta, agus is minic nár ghá dóibh aon tsolas eile san oíche ach tine díobh seo.

Lampaí

Go dtí deireadh na haoise seo caite dob é an slige a bhí mar sholas acu. Áras ab ea an slige a raibh déanamh an tsliogáin air agus, ar ndóigh, dob é cairbreán an mhuirín a húsáidtí i bhfad siar, rud a mhíníonn an focal slige. Íle nó úsc an éisc istigh ann; geitire scamhaithe agus an gáinne nochtaithe ann tumtha san úsc agus é ag gobadh amach de dhroim fhaobhar an tslige, agus é sin lasta .... b'in é an solas agus ba mhairg a bheadh i dtaobh leis, ach chaitheadar a bheith.

Ina dhiaidh sin a tháinig an lampa pairifín, lampa stáin agus déanamh an stáin air,

Islanders gather outside the Island school after the annual 'Stations' Mass
Slua Oileánaigh lasmuigh den scoil i ndiaidh an stáisiúin bhliantúla

píp amach óna bhun in airde agus buaiceas inti agus pairifín istigh ann – solas é seo a bhí acu go dtí ár lá féin.

Tháinig sórt eile lampa pairifín ina dhiaidh seo arís a raibh scáth gloine ar an mbuaiceas ann. Mhair sé seo istigh is amuigh go dtí gur chuir an leictreachas an teicheadh air. Ach níor shroich an leictreachas seo an tOileán riamh.

Comhluadar agus Caitheamh Aimsire

Bhí an baile féin roinnte ina dhá chuid – bun an bhaile agus barr an bhaile. Coimheascar agus iomaíocht bheag eatarthu i gcónaí. Thíos, a deiridís féin, a bhí an saol uasal, agus bhí cuid den cheart acu anseo. Is ann a mhair an Criomhthanach agus Muiris Ó Súilleabháin, maraon le Peig tar éis pósta di. Ar ndóigh d'asitrigh Peig go barr an bhaile ina dhiaidh sin. Thíos a mhair an dá fhile a bhí acu, Seán Ó Dúinnshléibhne agus Mícheál Ó Súilleabháin, sín sean-athair Mhuiris Uí Shúilleabháin. Agus is ann a bhí na ceoltóirí agus na hamhránaithe ab fhearr a bhí acu – muintir Shúilleabháin, muintir Dhálaigh, agus muintir Chatháin. Bhí muintir bhun an bhaile lagmheastúil go leor ar an muintir thuas ins na réimsí uaisle seo.

Social Activities and Recreation

The village itself was divided into two sections – the lower village and the upper village. There was always a slight edge to the competition between them. They always said that life was nobler in the lower village, and there was some truth in that. Tomás Ó Criomhthain and Muiris Ó Súilleabháin lived there as did Peig Sayers when she married. (In due course Peig moved to one of the new houses in the upper village.) Both Island poets, Seán Ó Duinnshléibhe and Mícheál Ó Súilleabháin (Muiris Ó Súilleabháin's great-grandfather), lived in the lower village. The best musicians and singers lived there – the Súilleabháin family, the Dálaigh family, and the Catháin family. In these noble pursuits the lower orders, so to speak, had the upper hand on their neighbours above!

Even so, the upper village had its own distinctiveness. Pádraig Ó Catháin, the King, lived there. When the famous visitors started to arrive they stayed in the upper village – Synge, Marstrander, Flower, and many others. 'Where does that leave all your noble ways now' they would say. 'Haven't we got our own poet now, Mícheál, Peig's son'.

Más ea, bhí a thréithiúlacht féin ag roinnt le barr an bhaile. Nach ann a bhí Cathánach Rí? Nach ann a d'fhanadh na cuairteoirí móra nuair a chromadar ar theacht ar dtúis, Synge, Marstrander, Flower, agus iad sin. 'Cá bhfágann sin bhur gcuid uaisleachta ar fad anois?' a déarfaidís. 'Agus féach go bhfuil ár bhfile féin againn anois, Mícheál, mac Pheig'.

Iomaíocht shláintiúil ab ea í seo, gan dabht, mar a bheadh in aon áit a bheadh ina beathaidh i gceart.

Thuas chomh maith a bhí an 'Dáil', mar a thugaidís ar thigh an Phoncáin. Is istigh ansin a chruinnidís gach oíche ag cur is ag cúiteamh, agus na daoine óga ag spochaireacht ar a chéile. Nuair a bheadh cuairteoirí ann is thuas a bhíodh an sclélp, rince, ceol is amhráin ins na tithe nua. Agus thar aon ní eile, is thuas a bhí an tobar mar a mbailíodh mná an bhaile le chéile i rith an lae, cuid acu ag triall ar uisce, cuid eile ag níochán, agus cuid eile acu ag caint is ag cadráil.

Tráthnóintí samhraidh, siar ar bharr Thráigh Ghearaí ag rince seiteanna le portaireacht bhéil, agus ansin aniar go dtí ceann de thithe bharr an bhaile chun clabhsúr a chur ar an rangás. Ach bheadh athrú scéil acu le himeacht na gcuairteoirí

No mere jibes, but vigorous keen competition to be found in any place which is truly alive.

The 'Dáil' or Assembly, as they called Tomás Ó Cearnaigh, the 'Yank's' house, was in the upper village. It was there people gathered every night to discuss events, while the young people teased each other. When they had visitors all the fun, dancing, music and singing was in the new houses. Most importantly, the well was in the upper village. The women congregated there during the day, some fetching water, some washing clothes, and others simply talking and gossiping.

On summer evenings they would go back to the top of Tráig Ghearaí, and dance sets to lilted tunes, and return again to one of the houses in the upper village to round off the merriment. Their lives would change dramatically when the last of the visitors left at the end of summer and the long dark nights set in. Life closed in around them and from then on it was a dreary, depressing time, that is unless you were satisfied with the company of storytellers and their Fenian tales.

Tobar bharr an bhaile
The well in the upper village

Music and Song

While the mainland depended on the Jews harp or melodeon, they had the fiddle on the Island, and a unique style of playing. It was a soft gentle style that would waken the dead from the grave with its serenity and tenderness. It had an otherworld quality. The Súilleabháin, Catháin and Dálaigh families were the fiddlers. Some musicians managed to craft their own fiddles.

They had a great abundance of songs: Raghadsa is mo Cheaití ag Válcaeireacht (I Will go Strolling with my Katy), Bá na Scealaga (Skelligs bay), Réchnoc Mná Duibhe (The Dark Woman's Smooth Hills), Cailín Deas Crúite na mBó (The Pretty Milkmaid), Beauty Deas an Oileáin (The Fine Beauty of the Island), and the many other songs composed by Seán Ó Duinnshléibhe. They had many more songs, too numerous to mention, and no shortage of singers either. Tomás Ó Criomhthain sang Caisleán Uí Néill, a much-loved song, at his own wedding. They liked to dance a set, or perhaps an eight-hand or four-hand reel, but only a few of the Islanders maintained the tradition of dancing solo.

agus le teacht na dúluachra. D'fháisceadh an saol isteach orthu ansin agus é ina ghalar dubhach as sin amach, is é sin, mura mbeifeá sásta i measc lucht na mbothán ag éisteacht le seanchas agus le scéalta fiannaíochta.

Ceol is Amhráin

Cé gur bheag ceol a bhí ar an míntír ach ceol trumpa nó bosca ceoil, bhí an veidhlín istigh acu, agus stíl shuaithinseach dá gcuid féin acu uirthi. Stíl mhín chiúin ab ea í seo ach go ndúiseodh sí na mairbh as uaigh lena caoineadas agus lena síodúlacht. Bhí mianach na sí inti. Muintir Shúilleabháin, muintir Chatháin agus muintir Dhálaigh (na hInise) a bhíodh ag veidhleadóireacht. Agua d'éirigh le cuid acu seo a veidhlíní féin a dhéanamh, i measc nithe eile.

Agus maidir le hamhráin de, is acu a bhíodar; Raghadsa is mo Cheaití ag Válcaeireacht, Beauty Deas an Oileáin, Bá na Scealga, Réchnoc Mná Duibhe, Cailín Deas Crúite na mBó agus amhráin eile Sheáin Uí Dhuinnshléibhe; agus sás a ráite ina measc. Agus ná dúirt an Criomhthanach Caisleán Uí Néill ar a phósadh féin, amhrán a raibh ardmheas acu air. Ba liosta le n-áireamh a raibh d'amhráin eile acu. Seiteanna a rincidís de ghnáth, agus b'fhéidir ríl ochtair nó ríl cheathrair. Cúpla duine go raibh rince aonair aige, ní mór é.

Carl Marstrander

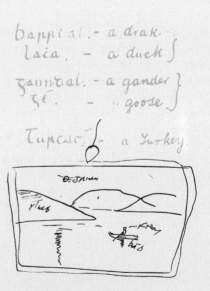

Ó leabhar nótaí Marstrander
From Marstrander's notebook
© Ollscoil Oslo

Sníomh, cniotáil agus paisteáil, b'in é mar chuireadh na mná an oíche tharstu. Mná óga, gan dabht, agus cúraimí eile sa cheann acu, fiach agus faoileáil i dTigh na Dála agus in áiteanna eile ar chúl sceiche. Briseann an dúchas! Fir ná beadh fonn Dála orthu, is ag bothántaíocht a bhíidís ag trasnáil agus ag áiteamh ar a chéile.

Cuairteoirí agus a dTionchar

Ba bheag fáilte a bhí ag na hoileánaigh roimh chuairteoirí go dtí tosach an chéid seo. Ní raibh cuimhne na mbáillí agus na n-athmháistrí agus an ciapadh a bhí déanta acu orthu ar thóir cíosa do na tiarnaí talún imithe as a gceann fós – is fada siar a théann iarsma an drochbhirt. Níorbh aon ionadh, mar sin, dá mbeadh doicheall acu roimh an gcéad chuairteoir mór a ghabh ina dtreo sa bhliain 1905, J.M. Synge, cé ná fuil aon fhianaise lena chois sin againn ach amháin nach róbhuíoch de a bhíodar as an gcuntas a scríobh sé ina dhiaidh sin orthu a chuir olc ar chuid acu, go mórmhór i dtigh an Rí mar a raibh sé ag cur faoi ann, agus nár fhill sé ar an áit níos mó.

Carl Marstrander, Noruach, an chéad duine mór eile a ghabh chucu sa bhliain 1907. 'An Lochlannach' a bhaiseadar air, le cion, is dócha, mar ón gcéad lá a chuir sé cos ar an oileán bhí sé mar dhuine díobh féin ag obair is ag gnó ina dteannta, ar muir is

Spinning, knitting and patching were the main night-time occupations of the women. Young women would have other matters on their mind, no doubt, sporting and playing in the the 'Dáil', or discreetly courting elsewhere. Nature takes its own course! Men who did not feel like going to the 'Dáil' visited other houses where they occupied themselves in discussion and heated debate.

Visitors and Their Influence

The Islanders had little welcome for visitors until the beginning of the twentieth-century. The memory of bailiffs and land agents was still vivid, and the harassment they suffered when the landlords sought rent was still ingrained. It was not at all surprising, therefore, that they would feel unwelcoming when the first famous visitor, J.M. Synge, arrived on the Island in 1905, although we have no other evidence for that except their own displeasure at his account of the visit afterwards which angered a few of them, especially in the King's home where he had stayed and which he never visited again.

The Norwegian Carl Marstrander, was the next famous person to visit there in 1907. They called him 'The Viking', apparently with affection, because from the

Robin Flower

The Blaskets

first day he set foot on the Island he worked and laboured both on sea and land with them as one of their own. An Old Irish scholar and a linguist, he went to the Blasket to learn Modern Irish. Marstrander the Viking also stayed in the King's house and he was introduced to Tomás Ó Criomhthain within a short time. Tomás was the 'professor' henceforth and Marstrander the pupil.

In many ways, Marstrander was an heroic figure, especially in his physical vigour and mental energy, and because of the way he fitted in with the Islanders he gave them a new perspective on life and instilled in them an esteem for their own culture. It could be said that it was he who kindled the living flame in them. But he left, and afterwards was appointed to teach Old Irish in the School of Celtic Studies in Dublin where a young scholar from the British Museum came to read Old Irish under his tutelage. That scholar was Robin Flower, and before long the Viking had guided him towards the Blasket, and Tomás was recommended as his 'professor'. He arrived in 1910 and stayed in the King's house. Flower and Tomás worked dilligently together and established a lasting rapport. The whole Island had great affection for Flower, and as a mark of this they called him 'Bláithín' (Little Flower). It was 'Bláithín', together with another two Englishmen, Seoirse Mac Tomáis,

ar tír. Ba scoláire sean-Ghaeilge agus teangeolaíochta é, agus is chun nua-Ghaeilge a fhoghlaim a thug sé aghaidh ar an mBlascaod. I dtigh an Rí a d'fhan an Lochlannach leis, agus níorbh fhada ann dó nuair a cuireadh in aithne do Thomás Ó Criomhthain é. B'é Tomás 'an t-ollamh' feasta agus é siúd ina dhalta aige.

Gaiscíoch fir ar gach aon tslí ab ea Marstrander le scafántacht coirp is aigne agus ar an gcuma inar éirigh leis ina measc d'oscail sé saol nua dóibh agus thug meas dóibh ar an earra luachmhar a bhí acu gan fhios dóibh féin go dtí sin. D'fhéadfaí a rá gurbh é a d'adhain an tine bheo ina measc. Ach d'imigh sé, agus ina dhiaidh sin ceapadh é chun sean-Ghaeilge a theagasc i Scoil an Léinn Cheiltigh i mBaile Átha Cliath, mar ar tháinig scoláire óg ó Mhusaem na Breataine faoina láimh chun sean-Ghaeilge a léamh ina fhochair. B'in é Robin flower agus níorbh fhada go raibh sé dírithe ag an Lochlannach ar an mBlascaod, agus Tomás molta aige mar 'ollamh' dó.

Muiris Ó Súilleabháin agus a athair chríonna Eoghan 'Daideo' Ó Súilleabháin

Muiris Ó Súilleabháin and his grandfather Eoghan 'Daideo' Ó Súilleabháin

Seoirse Mac Tomáis
George Thomson

Tháinig sé sa bhliain 1910 agus chuir sé faoi i dtigh an Rí chomh maith. Luigh sé féin agus an Criomhthanach isteach le chéile, agus ba mhaith an tseisreach a dheineadar araon. Bhí muintir an oileáin ar fad chomh mór le Flower gur bhaisteadar 'Bláithín' air.

B'é Bláithín maraon le cúpla Sasanach eile Seoirse Mac Tomáis, scoláire mór Gréigise, agus Kenneth Jackson, scoláire Ceiltise, a mhúscail pobal an Bhlascaoid go dtí gur thuigeadar go bhféadfaidís peann a chur le pár agus cur síos a dhéanamh ina dteanga féin ar a saol féin agus ar na daoine a bhí timpeall orthu, in ionad a bheith ag scríobh cuntaisí beaga agus blúiríní béaloidis don Lóchrann agus don Chlaidheamh Soluis.

Máire Ní Chinnéide, scoláire Gaeilge, agus Léan ní Chonalláin, mac léinn, a ghabh go dtí Peig agus a thathantaigh uirthi scéal a beatha a scríobh dóibh, cé go raibh an mianach braite rompu inti ag Bláithín agus Kenneth Jackson, go bhfuaireadar Scéalta ón mBlascaod uaithi. A mac, Mícheál File, a bhreac scéal a beatha óna mháthair.

Mac Tomáis a bhain a leabhar féin, Fiche Bliain ag Fás as Mhuiris Ó Súilleabháin, agus ba mhaith an bhail air sin. Mar sin féin, mar a tharla, ní raibh ach aon leabhar amháin i Muiris; scríobh sé an dara ceann ar a shaol ins na Gardaí i gConamara ach níor foilsíodh riamh é. Thar aon duine eile de na cuairteoirí móra seo á ghabh go dtí an

Peig Sayers ag aithris scéal a beatha dá mhac, Mícheál Ó Gaoithín
Peig Sayers dictating her biography to her son, Mícheál Ó Gaoithín
© Roinn Bhéaloideas Éireann

'An Seabhac', Pádraig Ó Sioch

tOileán, áfach, b'é Brian Ó Ceallaigh ó Chill Airne a bhain an bhladhm bhuacach as
an dtine ann. An Seabhac a mhol dó dul ann chun feabhas a chur ar a chuid
Gaeilge, agus litir aitheantas aige uaidh do Thomás Ó Criomhthain. B'in i 1917,
agus níorbh fhada dó ann nuair a mhothaigh sé an spré i dTomás, agus chun é a
ghríosadh chun gnímh léigh sé cuid de shaothar Pierre Loti agus Maxim Gorki dó,
mar dhea, dá bhféadfadh a leithéidí siúd litríocht mhór a scríobh faoi shaol simplí
iascairí agus tuataí eile mar iad, go bhféadfadh leithéid Thomáis é a dhéanamh

(George Thomson) the great Greek scholar, and Kenneth Jackson, the Celtic
scholar, who roused the Blasket community to put pen to paper and write in their
own language about their own lives and the people around them, instead of merely
writing accounts and snippets of folklore for the publications, An Lóchrann and An
Claidheamh Soluis.

The Irish scholar Máire Ní Chinnéide and the student Léan Ní Chonalláin
approached Peig Sayers and persuaded her to write her autobiography for them,
although it was Bláithín and Kenneth Jackson who first recognised her talent before
that when recording Scéalta ón mBlascaod (Stories from the Blasket) from her.
Peig's scribe was her son, Mícheál Ó Gaoithín, to whom she dictated her life story.

It was thanks to Seoirse Mac Tomáis that Muiris Ó Súilleabháin completed his
autobiography, Fiche Blian ag Fás (Twenty Years a-growing). As it transpired,
Muiris had only the one book in him; he wrote a second book about his life as a
Garda in Connemara but it has not been published.

Of all these famous visitors to the Island, however, it was Brian Ó Ceallaigh from
Killarney who reaped the greatest harvest there. 'An Seabhac' (Pádraig Ó

chomh maith. Is mar sin a tháinig cín lae Thomáis, Allagar na hInise, agus scéal a bheatha, An tOileánach, ar an saol taobh istigh de dheich mbliana.

Ba é an Criomhthanach ba thúisce a chuaigh ar a pheann ann. Más ea, mhúscail sé ceann de chinnpheacaí marfacha an chreidimh ina measc – an formad, más fíor gur peaca in aon chor é.

Chuir leabhair an Bhlascaoid daoine in adharca a chéile; dúisíodh áiteamh, dúisíodh léirmheastóireacht. Bréagnaíodh údair suas leis an bpus acu; 'níor thit seo amach; 'ní mar sin a tharla sé'; éitheach ar fad, cumadóireacht'. Agus cuid mhaith de seo bunaithe ar an bhformad. Más ea, féach a thoradh sa lá atá inniu ann.

Tháinig mionleabhair eile amach ó Thomás agus ó Pheig, agus ó bheirt mhac na beirte acu, Seán agus Maidhc File. Tá leabhair eile tagtha ó shliocht an Oileáin ó shin, Seán Uí Chearnaigh, Máire Ní Ghuithín, Seán Faeilí Ó Catháin agus Seán Pheats Team Ó Cearnaigh, agus iad go léir ag sniogadh leo ar an sine deiridh le tocht cumha agus maoitneachais i ndiaidh an tseanshaoil, agus gan san áit inar rugadh agus ar tógadh iad ach iasachtaigh aon oíche – caobaigh agus dónaill dhubha – ag piocadh na gcnámh.

Siochfhradha) urged him to go there to improve his Irish, and gave him a letter of introduction to Tomás Ó Criomhthain. That was in 1917, and it did not take him long to discover the spark in Tomás, and in order to spur him to action he read some of Pierre Loti's and Maxim Gorky's work to him, as if to suggest that if their sort could write great literature about the simple lives of fishermen and peasants, surely Tomás could do likewise. That was how Tomás's diary Allagar na hInise and his autobiography An tOileánach (The Islandman) came to be written within the space of ten years.

The first to put pen to paper was Tomás Ó Criomhthain. The Blasket books generated controversy and debate on the Island. Writers were accused of misrepresentation – 'that is not how it happened'; 'all lies and invention.' Much of this criticism was inspired by envy. Behold, however, the result of their collective efforts up to and including our own time. Other less important books were written by Tomás and Peig, and by two of their sons, Seán Ó Criomhthain and Mícheál Ó Gaoithín (Maidhc File). Since then other books have been written by Islanders – Seán Sheáin Í Chearnaigh, Máire Ní Ghuithín, Seán Faeilí Ó Catháin and Seán Pheats Tom Ó Cearnaigh. They are all draining the last drop with melancholic longing for the past, while the Island where they were born and reared is now home to one-night strangers and stragglers – gulls and ravens – who merely pick the bones.

Na Blascaodaí

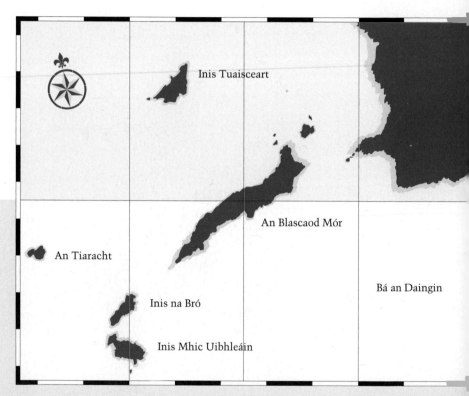

Inis Tuaisceart

An Blascaod Mór

An Tiaracht

Bá an Daingin

Inis na Bró

Inis Mhic Uibhleáin

The Blaskets